KEEP CALM

&

BE HAPPY

KEEP CALM

&

BE HAPPY

Ilustraciones de Laura Borràs

© 2021, Ángela Roma (por el texto)

© 2021, Laura Borràs Dalmau, ilustradora representada por IMC Agència Literaria

Diseño de cubierta e interior: Regina Richling

Libro coeditado por Dalia ediciones y Redbook ediciones

ISBN: 978-84-9917-652-9

Depósito legal: B-18.132-2021

Impreso por Sagrafic, Passatge Carsi 6, 08025 Barcelona

Impreso en España - *Printed in Spain*

«Felicidad
La palabra oportuna, noche de luna
Y la radio en un bar
Es un salto en un charco, risas de circo
La felicidad
Es aquella llamada inesperada
La felicidad.»

«Felicidad», Al Bano y Romina Power

A modo de presentación

Este libro es una propuesta para que el lector perciba buenas sensaciones y disfrute de unas ilustraciones que desprenden la magia inmediata de lo presente. En paralelo, sus textos pretenden ser propuestas muy beneficiosas para la mente, el cuerpo y el espíritu.

Este libro es un regalo para la vista que nos descubre un mundo interior lleno de luz y sensibilidad, y otro exterior, reflejo del anterior, tangible, que moldea la realidad que nos envuelve.

Los autores nos ofrecen un cúmulo de sugerencias para que las pongas en marcha un día cualquiera, un fin de semana o cuando te parezca más conveniente.

Algunas estrofas de canciones muy conocidas, poemas y citas que acompañan, están seleccionadas para que construyan el marco perfecto con la ilustración y las propuestas activas.

Amig@, no leas este libro, siéntelo, déjate transportar por los recuerdos que te inspiran algunas de sus canciones y poemas. Aspira la nostalgia de bellos amaneceres y atardeceres, de amigos que fueron, de pasiones y emociones perdidas, de aquellas pequeñas cosas que aún perduran.

Navega por las olas del inconsciente y déjate arrastrar por la corriente.

Te sentirás libre y todo fluirá.

Carpe diem

Que tengas un buen día

«Hoy puedo quejarme porque el día está lluvioso
o puedo dar gracias porque las plantas están siendo regadas.
Hoy me puedo sentir triste porque no tengo más dinero
o puedo estar contento que mis finanzas me empujan
a planear mis compras con inteligencia.
Hoy puedo quejarme de mi salud
o puedo regocijarme de que estoy vivo.
Hoy puedo lamentarme de todo
lo que mis padres no me dieron mientras estaba creciendo
o puedo sentirme agradecido de que me permitieran haber
nacido.

Hoy puedo llorar porque las rosas tienen espinas
o puedo celebrar que las espinas tienen rosas.
Hoy puedo quejarme porque tengo que ir a trabajar
o puedo gritar de alegría porque tengo un trabajo.
Hoy puedo quejarme porque tengo que ir a la escuela
o puedo abrir mi mente enérgicamente
y llenarla con nuevos y ricos conocimientos.
Lo que suceda hoy depende de mí, yo debo escoger qué tipo
de día voy a tener.»

Mario Benedetti

Percibe un rayo de sol sobre tu almohada

«You smile girl
Brings the morning light to my eyes
Lifts away the blues when I rise
I hope that you're coming to stay
I'm waiting, waiting on a sunny day
Going to chase the clouds away.»

«Waiting on a sunny day», Bruce Springsteen

«Chica, tu sonrisa/trae la luz de la mañana a mis ojos,/levanta la pena cuando yo me levanto,/espero que vengas para quedarte./Estoy esperando, esperando a un día soleado,/voy a espantar a las nubes.»

15

Da un vistazo a tus redes sociales

«Es un 'Amor de Red Social'
Ya no me tocas, sólo me das 'like'
¿Y qué pasó con nuestra historia justo ahora?
Duró 24 horas
Yo quiero que dure más
Y que realmente sea algo especial
Yo no soy una máquina locomotora
Mi corazón sufre y llora pues necesita algo real.»

«Amor de Red Social», Micro TDH

Préparate un zumo
de naranja natural

«Para el consumo habitual zumo sexual
Como un diluvio universal zumo sexual
Nunca sabes que te va a gustar zumo sexual
No las suspendes todas ni te quedas pajarito
Porque nunca pasa de moda consumir un buen zumito.»

«Zumo sexual», Búhos

Libera tus deseos, empieza el baile

«Come on, vogue
Let your body go with the flow
Soul is in the music
That's where I feel so beautiful
Magical
Life's a ball, so get up on the dance floor.»

«Vogue», Madonna

«Vamos, haz el vogue/Que tu cuerpo siga el ritmo/Sabes que puedes hacerlo (Sigue el ritmo)/La belleza está donde la encuentres/Y no sólo donde te contonees provocadoramente/El alma está en la música/Ahí es donde me siento hermosa/Mágica, la vida es un baile/Así que vente a la pista.»

Apúntate al gimnasio más cercano

«Hoy puede ser un gran día
Imposible de recuperar,
Un ejemplar único,
no lo dejes escapar.
Que todo cuanto te rodea
Lo han puesto para ti.
No lo mires desde la ventana
Y siéntate al festín.»

«Hoy puede ser un gran día», Joan Manel Serrat

GIMNASIO

23

Sal a correr con tu perro

«I love my dog as much as I love you
But you may fade, my dog will always come through
All he asks from me is the food they give him strength
All he ever needs is love and that he knows he´ll get.»

«I Love my dog», Cat Stevens

«Yo amo a mi perro tanto como te amo a ti/Tú puedes desaparecer, pero mi perro siempre vendrá a mí./Todo lo que él me pide es comida para darle fuerza/Todo lo que necesita es amor y sabe que lo tendrá.»

Abrázate con el agua de tu ducha matutina

«Whenever you're around
I always seem to smile
And people ask me how
Well you're the reason why
I'm dancing in the mirror
And singing in the shower..»

«Shower», Becky G

«Cada vez que estás por aquí/yo siempre parezco sonreír,/y la gente me pregunta cómo,/bueno tú eres la razón por la que.../Bailo delante del espejo,/y canto en la ducha.»

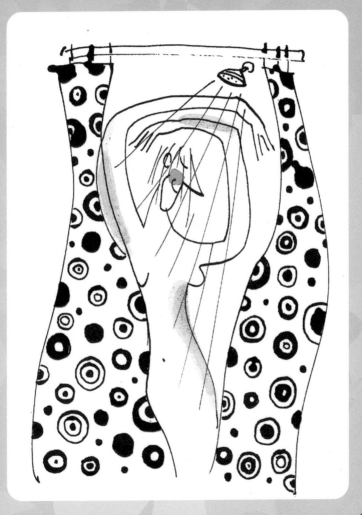

Deja que el agua y el champú de vainilla besen tu piel

«Con un beso llegó la calma
Con un beso se fue el dolor
De esos besos que ganan guerras a tu favor
Unos besos salen del alma
Y otros besos del corazón
Y la magia es que yo en tu boca encontré los dos.»

«11 Besos», Morat

¡Sorpresa!, alguien dejó un ramo de flores en el vestíbulo

«Una flor
Voy a regalarte esta noche de luna llena para confesarte
Lo mucho que me gustas
Lo mucho que hay en una flor
Para perfumarte del amor del que voy a hablarte
y quiero demostrarte
lo mucho que me gustas
Una flor
Voy a regalarte, como tú, tan bella ninguna, sin duda, quiero amarte
Todos y cada uno de
los días de mi vida.»

«Una flor», Juanes

Pasea por la playa mientras declina la tarde

«Algo en especial va a suceder
que hasta los poros de mi piel
gritan mi nombre.
Esa luz me empieza a molestar
mis pupilas brillan más
en la oscuridad.»

«Mi gato», Rosario

Disfruta del atardecer cercano y cálido

«Sentado siempre en soledad,
Espera un nuevo atardecer,
Sonríe ante la gran inmensidad,
Por un momento se para el mundo
Sentado siempre en soledad,
Observa lo que otros no ven.
El cielo va cambiando de color,
Sin darse cuenta se ha hecho de noche,
La luna espera un nuevo horizonte.»

«El coleccionista de atardeceres», El sueño de Morfeo

35

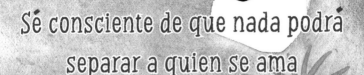

Sé consciente de que nada podrá separar a quien se ama

«If you wait for me
then I'll come for you
Although I've traveled far
I always hold a place for you in my heart.»

«The Promise», Tracy Chapman

«Si tú me esperas/Entonces vendré hacia ti/Aunque he viajado lejos/Siempre tengo un espacio para ti en mi corazón.»

Recuerda la primera cita, el primer beso, la primera noche, la primera carta...

«A veces llegan cartas con sabor a gloria
Llenas de esperanza
A veces llegan cartas con olor a rosas que sí
son fantásticas
Son cartas que te dicen que regreses pronto
Que desean verte
Son cartas que te hablan de que en la distancia
el cariño crece
A veces llegan cartas que te dan la vida
Que te dan la calma.»

«A veces llegan cartas», Julio Iglesias

Sé generos@, haz un bizum a una ong o a un amigo en apuros

«Si bastasen dos buenas canciones
Para echar una mano
Se podrían hallar mil razones
Para ser más humanos
Puede pasar
Puede pasar
Para dejar de acudir al remedio de la caridad.»

«Si bastasen un par de canciones», Eros Ramazzotti

Escucha con atención el tic-tac, esa persona está llegando.

«Y de repente por las escaleras,
subía alguien que no había visto jamás.
Juro que su sonrisa, era una pasada,
Algo dentro me hizo temblar.»

«Y de repente», Marta Umpiérrez

Bésale con pasión para que te extrañe y piense en ti durante su viaje

«Bésame
Como si fuera ahora la primera vez
Romper el tiempo, niña, bésame
Y entre mis brazos yo por siempre te amaré
Ven y bésame
Bésame mucho y a lo loco
Lentito, poco a poco
Que se ponga chinita tu piel cuando te toco
Dame un beso intenso que me nuble el pensamiento
Dame un beso suave pero lleno de sabor.»

«Bésame», David Bisbal y Juan Magán

45

Abre el cajón, encontrarás aquel objeto tan querido en tu infancia

«Cada vez que yo me voy
Llevo a un lado de mi piel
Tus fotografías para verlas cada vez
Que tu ausencia me devora entero el corazón
Y yo no tengo remedio más que amarte
Y en la distancia te puedo ver
Cuando tus fotos me siento a ver
Y en las estrellas tus ojos ver
Cuando tus fotos me siento a ver.»

«Fotografía», Nelly Furtado / Juanes

47

Apaga las luces,
desconecta los dispositivos,
reduce el consumo energético

48

«Twilight
I sit at all tables
With my candles
And angels besides
And I shall wait forever
As the day turns to night
Swallowed in the shadows that glow.»

«Twilight», Antony and The Johnsons

«Crepúsculo/Me siento en todas las mesas/Con mis velas/Y ángeles alrededor/Y esperaré para siempre/Mientras el día se convierte en noche/Tragado por las sombras que brillan.»

Entra en el restaurante y descubre aquel plato que te fascina

«Sarandonga nos vamos a comer
Sarandonga y un arroz con bacalao
Sarandonga y en lo alto del puerto
Sarandonga que mañana es domingo.»

«Sarandonga», Lolita Flores

Sonríe a esa estrella que te
ilumina cuando vuelves a casa por
tu calle preferida

«Me voy por el camino de la noche
Dejando que me alumbren las estrellas
Me voy por el camino de la noche
Porque las sombras son mis compañeras.»

«El camino de la noche», Javier Solís

Aprende a tocar un instrumento musical

«Mi piano y yo, haremos realidad un sueño
que me embriaga el alma de miedo y de celos.
Una mezcla de notas y de sentimientos,
solo para ella.
¡Piano, suena con alegría
que quiero cantar para ella.
¡oh! Piano, suena con alegría
Que quiero cantar para ella!»

«Mi piano y yo», Ignacio Rondón

Prepara una excursión de fin de semana con amigos

«Nos vamos de excursión
Es tiempo de pasarla bien
¡Qué bueno que eres tú que estás conmigo!
¡Juntos!
Nos fuimos de excursión
Lo que pasó se quedó aquí
Presiento que la vamo' a pasar bien baby
Just you and me»

«Nos vamos de excursión», Alkilados

Endúlzate la boca con ese resto de mermelada que quedó en el bote

«Nada sabe tan dulce como tu boca
Me transporta a una nube cuando me toca
La estela de su cuerpo abre camino como una antorcha
Tempestades desata mientras se escapa sobre su escoba.»

«Nada sabe tan dulce como su boca», Victor Manuel

Lee un buen libro antes de ir a dormir y te liberará de preocupaciones

«He oído que la noche es toda magia
y que un duende te invita a soñar.
Y sé que, últimamente, apenas he parado
Y tengo la impresión de divagar.»

«Maldito duende», Héroes del silencio

Relájate y prepárate para un sueño feliz

«Sueña
Con un mundo distinto
Donde todos los días
El sol brillará
Donde
Las almas se unan en luz
La bondad y el amor
Renacerán
Sueña, sueña tú.»

«Sueña», Luis Miguel

63

Pídele que te haga un cálido masaje en los pies

«Look at the night
And it don't seem so lonely
We fill it up with only two
Warm... touching warm
Reaching out
Touching me
Touching you.»

«Sweet Caroline», Neil Diamond

«Miro a la noche/y no parece tan solitaria,/ la llenamos con solo dos personas./Cálida... una cálida caricia,/extendiendo el brazo,/ acariciándome,/acariciándote.»

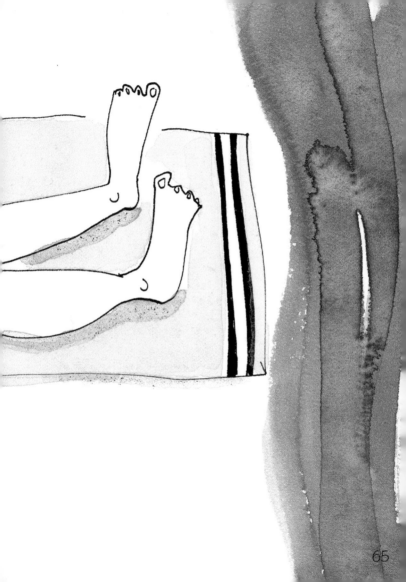

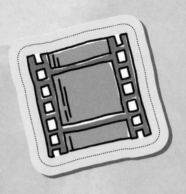

Emociónate con alguna de tus películas favoritas

«Cine en la cama
Domingo en la mañana
El sol en la pantalla
Nos ve.»

«Cine en tu cama», Gepe

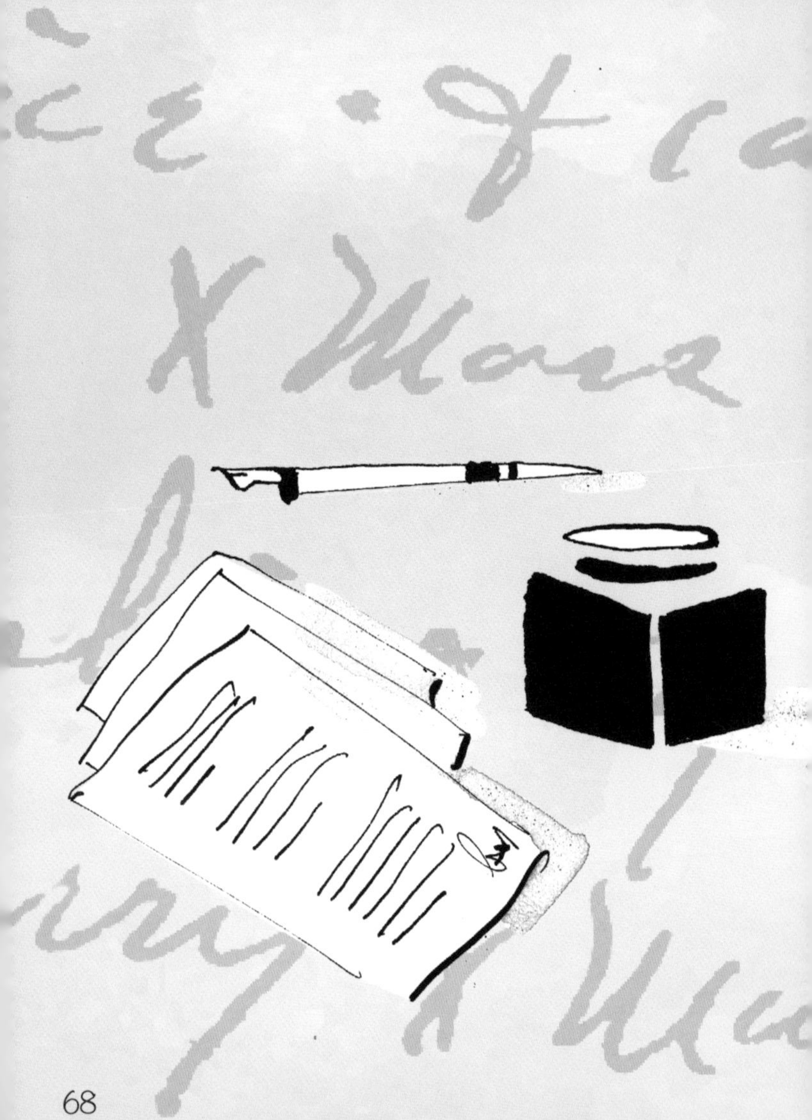

Escribe tus sensaciones del día en tu diario y te conocerás mejor

«Tengo la suerte de poder escribir
Todas las cosillas que me pasan
Tengo un amor que no lo sabe nadie
Como un tesoro *guardao* en mi casa
Sola en cada noche yo le cuento a él
Fantasías que tiene en mi alma.»

«Mi diario», *María Carrasco*

Escríbele un correo a ese amigo tan querido que hace tiempo que no ves

«A veces pasamos del móvil,
Preferimos hacerlo a la vieja usanza, escribiendo...
Para contarnos esto.
Dice.
Lo primero, que sepas que puedes contar conmigo,
Cuando estés solo y te haga falta un buen amigo.»

«Carta a un amigo», Hazhe

Con cariño, por los grandes momentos!

Un abrazo!!!

ANTONIA
MAMA
AITOR
PERE
MARÍA
CONSOL
JOSÉ J.
GONZALO
MARÇAL

Cena con tus amigos en ese restaurante tan especial donde disfrutáis del vino, unos platos exquisitos y una conversación interesante

«A good friend and a glass of wine
Someone to say it's gonna be alright
A good friend and a glass of wine
A little pick me up to get me through the night
We talk trash n' we laugh and cry
That kind of therapy money can't buy.»

«A good friend and a glass of wine», Lee Ann Rimes

«Un buen amigo y un vaso de vino/Alguien que diga que todo está bien/ un buen amigo y un vaso de vino/Algo que me ayude a pasar la noche/ hablamos de cosas intrascendentes, reímos y lloramos/Ese tipo de terapia que el dinero no puede comprar.»

HORNO DE LEÑA

Deshazte de todo aquello que te sobra y molesta en casa y vende lo que puedas en Wallapop

«Me vendo un cachito, por un centavito y algo tengo que vender.
Vendo mi gorrito, vendo mi saquito, vendo mis ojos también.
Y está muy claro hay que venderse.
Si te dejan de remate vos te haces valer...
Y al contado te vendes
Y consignado te vendes.
Y no hace falta esforzarse, tampoco amargarse.
Si tu precio baja... baja...

Compren todo, agoto stock!
Pienso solo en liquidarme.
Ya estoy en liquidación!
Hagan cola pa`llevarme.
Compren todo, agoto stock!»

«Vendo», Nikita Nipone

75

Mírate en el espejo y sonríe.

Te gustarás.

«Tu sonríe y verás
Como todo lo que hay en tus ojos parece que brilla
Que la vida es legal
Y al final lo que da si lo coges son más de tres días
A poquito
Que sonrías se contagia la mía
Y los ratos oscuros se harán de colores
Mientras sobre alegría no falten canciones.»

«Sonríe», Rosana

Disfruta ese instante mágico del aroma del café que te preparas

«Te veo tomando café
Como desde hace tantos años
Y se me hace agua la boca
Y te me sigues antojando
Me dices no sé bien qué,
Mientras yo estoy en otro lado
Imaginando que tu boca
Se abre y me va tragando.»

«Tomando Café», Carlos Arellano

Pon flores en la mesa, la ventana, en cualquier lugar donde las puedas ver y sentir

«Wow, look at you now
Flowers in the window
It's such a lovely day
And I'm glad you feel the same.»

«*Flowers in the window*», Moby

«*Wow mírate ahora/Flores en la ventana/Es como un día precioso/Y me alegra sentir lo mismo.*»

81

Disfruta caminando por el bosque en buena compañía

«Mis señas son un capote de lluvia,
zapatos recios y un báculo que he cortado en el bosque.
Los llevo hacia aquellas cumbres altas.
Mi mano izquierda te tomará por la cintura.»

Walt Whitman

Saborea lentamente las primeras fresas de la temporada cerrando los ojos, y no olvides formular un deseo

«Deseo el perfume
Que quedó en mi piel
Y este amor prohibido
Me desata, más placer
Deseo tus besos
Con sabor a rosa
Deseo una noche más
Desde esa noche
Cuando fuiste mía
No tengo vida
Sin tocar tu cuerpo
Deseo tus besos
Con sabor a rosa
Deseo una noche más.»

«Deseo», Maelo Ruiz

Reduce, reutiliza, recicla…
en tu vida cotidiana: Be Green

«Qué dificil cantarle a tierra madre
Que nos aguanta y nos vio crecer
Y a los padres de tus padres
Y a tus hijos los que vendrán después
Si la miras como a tu mamá
Quizás nos cambie la mirada
Y actuemos como él que defiende a los tuyos
Y a los que vienen con él
La raíz en mis pies yo sentí
Levanté la mano y vi
Que todo va unido, que todo es un ciclo.»

«Madre Tierra», Macaco

87

Sé responsable y prioriza tus necesidades y objetivos

«Yo siento que tengo una responsabilidad,
pero es una responsabilidad muy bonita.
Se trata de transportar al público
a algún momento importante de su vida con alguna canción.»

«Responsabilidad», Marco Antonio Solís

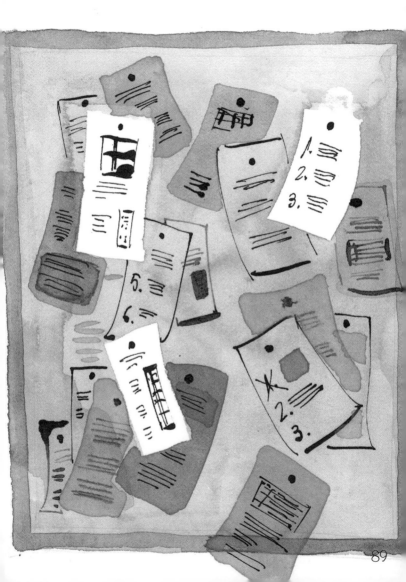

Asómate a la ventana y contempla ese arco iris tan maravilloso

«El arco iris brillaba en el cielo
se iba el invierno, llegaba el buen tiempo
y, tú sonreías, feliz a mi lado
sintiendo dichosa, tu piel en mis manos.
El aire traía el olor de las flores
la noche borraba sus bellos colores
los dos en el parque quedamos a solas
y, juntos dejamos, pasar muchas horas.»

«*Los días del arco iris*», *Nicola di Bari*

Dedica cinco minutos a recordar
aquellos instantes de felicidad
disfrutados en tu pasado

«Para encontrar la niña que fui
Y algo de todo lo que perdí
Miro hacia atrás y busco entre mis recuerdos
Sueño con noches brillantes
Al borde de un mar
De aguas claras y puras
Y un aire cubierto de azahar
Cada momento era especial
Días sin prisa, tardes de paz
Miro hacia atrás y busco entre mis recuerdos.»

«Entre mis recuerdos», Luz Casal

Aprovecha al máximo tu jornada

«Voy caminando por la vida
Sin pausa, pero sin prisa
Procurando no hacer ruido, vesti'o
Con una sonrisa
Sin complejo' ni temore'
Canto rumba' de colore'
Y el llorar no me hace daño
Siempre y cuando tú no llore', ay.»

«Caminando por la vida», Melendi

1.

2.

95

Sé vital y plantéate cada día nuevas metas

«Mi meta contigo es ser mejor persona
Reírnos de todo, hacernos mil bromas
Mi meta contigo es comprarte un anillo
Para nuestra boda
Mi meta contigo es mirar adelante
Y nuestro amor sea lo más importante
Mi meta contigo es ser más que tu amigo
Y en todo apoyarte.»

«Mi meta contigo», Los Sebastianes

97

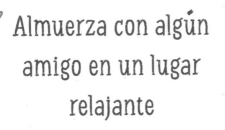

Almuerza con algún amigo en un lugar relajante

«Tú eres el amigo del alma que en toda jornada
Sonrisa y abrazo festivo a cada llegada
Me dices verdades tan grandes con frases abiertas
Tú eres realmente el más cierto en horas inciertas
No preciso ni decir
Todo eso que te digo
Pero es bueno así sentir
Que eres tú mi gran amigo.»

«Amigo», Roberto Carlos

Dedica un tiempo cada día a conversar con aquella persona que casi no conoces, con la que te encuentras a menudo y nunca os decís nada

«Conversación en tiempo de bolero
Porque contigo no se puede hablar
Y unas veces, contestas enojada
Y otras veces, ni contestas
Conversación en tiempo de bolero
La única forma de poder llegar
A decirte lo mucho que te anhelo
Y que sin ti, jamás podría estar»

«Conversación en tiempo de bolero», Diego el Cigala

Estírate en ese sofá tan cómodo y escucha esa lista de Spotify que tanto te gusta.

«Música es
mirar hacia lo lejos, dentro de ti mismo,
la luz es un reflejo, al fondo del abismo
es la inmensidad del cielo azul,
es, tal vez, mi pensamiento, mi inquietud
sin darme cuenta sé
que todo en torno a mí, a mí,
música es.»

«Música es», Eros Ramazzotti

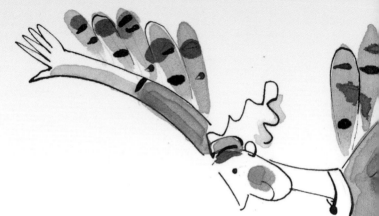

Escoge de tu biblioteca un libro de viajes ilustrado y deja que vuele tu imaginación

«Y me lo imagino una y otra vez
Y vuelve a ser mayo en el mismo café
Son casi las once
Y yo estoy a punto de perder

Entonces me miras y lo puedo ver
Sin ti no habrá forma de tenerse en pie
Si sólo pudiera volver al instante en que fallé.»

«Imaginándome», Sergio Dalma

Sal a la calle con tu skate, patinete o bicicleta y deslízate con la suave caricia del sol en tus mejillas

«Qué cosa bella es un día soleado
El aire sereno después de una tempestad,
Por el aire tan fresco parece un día de fiesta,
Qué cosa bella es un día soleado,
Pero otro sol,
que es aún más bello,
El sol mío,
Está frente a mí,
El sol, El sol mío,
Está frente a mí!,
Está frente a mí!»

«Oh Sole mio», popular napolitana

107

Haz stories en Instagram para que tus amigos los disfruten

«When you care about the issues of the day
And check your facts on Wikipedia
You can and get into an argument right away
If you're on social media.»

«On Social Media», Pet Shop Boys

«Cuando te preocupas por los problemas del día/Y compruebas tus datos en Wikipedia/Puedes entrar en una discusión de inmediato/Si estás en las redes sociales.»

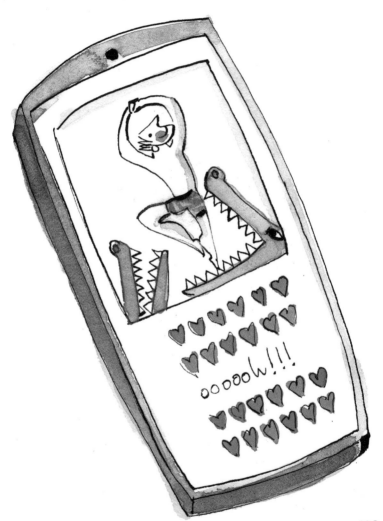

Escucha con atención el sonido del mar y una sensación de paz se colará en tus oídos

«El mar
que se ve bailar a lo largo
de claros golfos
tiene reflejos de plata
El mar
con reflejos que cambian
bajo la lluvia

El mar
en el cielo de verano se confunden
las nubes blancas
con los ángeles puros
el mar, pastor azul sin límite.»

«*El mar*», *Charles Trenet*

Mira esos niños que juegan y ríen durante horas en el parque infantil

«You, who are on the road
Must have a code that you can live by
And so, become yourself
Because the past is just a goodbye
Teach your children well.»

«Teach Your Children», Crosby, Stills, Nash & Young

«Tú, que estás en el camino/Debes tener un código con el que poder vivir/Y así convertirte en ti mismo/Porque el pasado es solo un adiós/ Enseña bien a tus hijos.»

Ve a tu clase de artesanía y vuelve a casa con un jarrón hecho por ti

«Una pulsera hecha de un par de hilos sueltos
O una cara en un tronco que no estaba ahí
Por doquier en el parque, hadas y duendes sueltos
Van siendo inspiración para sobrevivir
Porque hacer nacer nuevas formas con sus manos
Para bendecir al sol cada mañana
Necesita el artesano, porque el arte sana
Porque el artesano sabe que el arte sana.»

«Artesano», Las pastillas del abuelo

115

Vuelve a tocar esa guitarra que tenías guardada en el armario durante años

«I look at the world and I notice it's turning
While my guitar gently weeps
With every mistake, we must surely be learning
While my guitar gently weeps.»

«While my guitar gently weeps», George Harrison

«Miro al mundo y me doy cuenta en qué se está convirtiendo/Mientras mi guitarra llora suavemente/Cada error seguramente se deba al aprendizaje/Mientras mi guitarra llora suavemente.»

Libérate del estrés y apúntate a esa clase de zumba tan excitante

«Freedom (I won't let you down)
Freedom (I will not give you up)
Freedom (Gotta have some faith in the sound)
You've got to give what you take
(It's the one good thing that I've got).»

«Freedom», George Michael

«Libertad (No te defraudaré)/Libertad (No voy a renunciar a ti)/Libertad (Tengo que tener un poco de fe en el sonido)/Tienes que dar por lo que tomas (Es la única cosa buena que tengo).»

119

Dibuja con tus lápices de colores un jardín de rosas

«Por eso esperaba con la carita empapada
A que llegaras con rosas, con mil rosas para mí
Porque ya sabes que me encantan esas cosas
Que no importa si es muy tonto, soy así.»

«Rosas», La Oreja de Van Gogh

Toma una taza de té a media tarde, desconecta del mundo y disfruta el momento

«If life seems jolly rotten
There's something you've forgotten
And that's to laugh and smile and dance and sing
When you're feeling in the dumps
Don't be silly chumps
Just purse your lips and whistle, that's the thing
And always look on the bright side of life.»

«Always look on the bright side of life», Monty Python

«Si la vida parece podrida/Hay algo que has olvidado/Y eso es reír y sonreír y bailar y cantar/Cuando te sientes triste/No seas tonto/Solo frunce los labios y silba, esa es la cosa/Y siempre mira el lado bueno de la vida.»

En el gym, después de hacer ejercicio, entra en la sauna, desintoxica tu piel y purifica tu organismo con un baño de vapor

«Like a lion you ran
A goddess you rolled
Like an eagle you circle
In perfect purple
So how come things move on?»

«Everglow», Coldplay

«Corres como un león/cabalgas como una diosa/como un águila haces círculos en un perfecto (cielo) púrpura./Así que, ¿cómo es que todo sigue adelante?»

125

Sube al edificio más alto de tu ciudad y contempla su belleza desde la magnífica vista de su terraza

«Mi ciudad es la cuna de un niño dormido
Es un bosque de espejos que cuida un castillo
Monumentos de gloria que velan su andar
Es un sol
Con penacho y sarape veteado
Que en las noches se viste de charro
Y se pone a cantarle al amor
Por las tardes con la lluvia
Se baña su piel morena
Y al desatarse las trenzas
Sus ojos tristes se cierran.»

«Mi ciudad», Luis Miguel

127

Escucha con devoción las campanas de esa iglesia cercana a tu casa

«Stranger now are his eyes to this mystery
Hears the silence so loud
Crack of dawn, all is gone except the will to be
Now they see what will be, blinded eyes to see
For whom the bell tolls
Time marches on
For whom the bell tolls.»

«For whom the bells tolls», Metallica

«Más extraños son ahora tus ojos a este misterio/Escucha el silencio tan fuerte/Al amanecer, todo se ha ido excepto la voluntad de ser/Ahora ven lo que será, ojos cegados para ver/Por quién doblan las campanas/El tiempo avanza/Por quién doblan las campanas.»

129

Quédate absorto durante unos minutos escuchando el ruido de la lluvia sobre los tejados colindantes

«Oigo el ritmo de la lluvia repicar
y al caer me dice donde está
me dice que ya tengo que olvidar tu amor
que un nuevo amor en ti nació
El ritmo de la lluvia me atormentará
cuando acabará este temporal
yo escucho en cada gota el eco de tu voz
y el eco de tu corazón.»

«El ritmo de la lluvia», Miguel Ríos

Visita la librería de tu barrio y cómprate la última novela de tu autor preferido

«There's a story waiting inside
Behind the door, as it opens wide
And I wander in, hoping to find
Something
A shop with books in....
Shelves stacked high
Fills my eyes
Cant describe
Who knows what you'll find.»

«A shop with books in», The Bookshop Band

«Hay una historia esperando dentro/Detrás de la puerta, cuando se abre de par en par/Y entro, esperando encontrar/algo/Una tienda con libros en.../ Estanterías apiladas/Llena mis ojos/No se puede describir/Quién sabe lo que encontrarás.»

Admira las nubes y sus caprichosas formas llenas de significado si sabes entenderlas

«Sitting by a foggy window
Staring at the pouring rain
Falling down like lonely teardrops
Memories of love in vain
These cloudy days, make you wanna cry.»

«No More Cloudy Days», Eagles

«Sentado junto a una ventana de niebla/Mirando la lluvia torrencial/ Cayendo como lágrimas solitarias/Recuerdos de amor en vano/Estos días nublados, te dan ganas de llorar.»

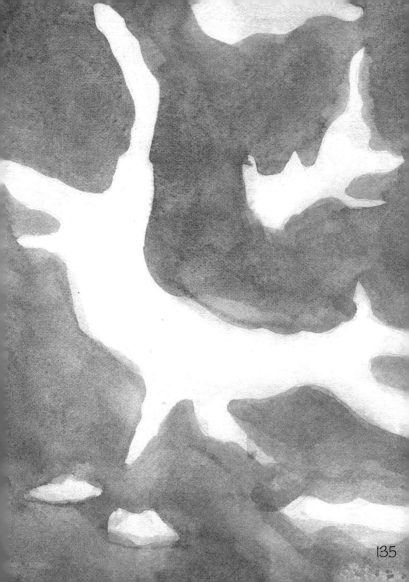

Recorre las calles sin rumbo fijo y cómprate un regalo

«No tengas miedo de perderte, no
El tiempo pasa tan despacio en Sildavia
No hay desiertos, no hay falsa pasión
Distrae los sentidos en el silencio
Es el jardín de las delicias
Domina tu vuelo en el espacio
El sol no derretirá tus alas.»

«Sildavia», La Unión

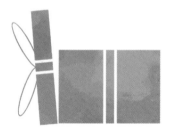

137

No olvides que si das amor recibirás mucho más.

«I'll give you all I've got to give
If you say you love me too
I may not have a lot to give
But what I've got I'll give to you
I don't care too much for money
For money can't buy me love.»

«Can't buy me love», The Beatles

«Te daré todo lo que tengo para dar/Si dices que también me amas/Puede que no tenga mucho que dar/Pero lo que tengo te lo daré a ti/No me importa demasiado el dinero/El dinero no puede comprar mi amor.»

139

Arrastra los pies sobre un montón de hojas caídas y siente la conexión con la tierra

«I go into the woods or the park,
You see and hang, just the trees and
the birds and me
What happens then is a magical thing
I get happy and start to sing.»

«Feel the Power», Judy Leonard

«Voy al bosque o al parque/Ves, sólo los árboles y yo/los pájaros y yo/Lo que sucede entonces es algo mágico/Me pongo feliz y empiezo a cantar.»